AF297859

LES INSTITUTIONS DE PRÉVOYANCE

THÉORIE PRATIQUE

DES

DONATIONS

PAR CONTRAT D'ASSURANCE EN CAS DE DÉCÈS

CONTENANT UN

COMMENTAIRE DE LA LOI DES FINANCES DU 21 JUIN 1875

ÉTUDIÉE DANS SES RAPPORTS AVEC LE CODE CIVIL

PAR

ALPHONSE JOUAULT

AVOCAT

PARIS

A. MARESCQ AÎNÉ	ARMAND ANGER
LIBRAIRE-ÉDITEUR	LIBRAIRIE DES ASSURANCES
20, RUE SOUFFLOT	48, RUE LAFFITTE

1878

SOMMAIRE

THÉORIE PRATIQUE

DES DONATIONS

PAR

CONTRAT D'ASSURANCE EN CAS DE DÉCÈS

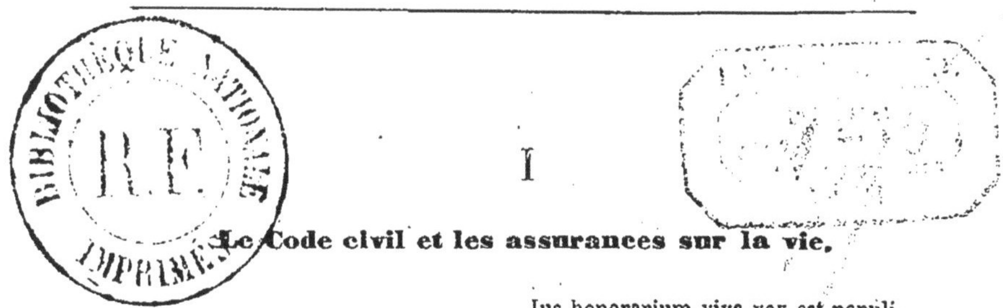

I

Le Code civil et les assurances sur la vie.

> Jus honorarium viva vox est populi.
> (MARCIANUS, D. I, 1. *De justitia et de jure.*)

Un siècle ne s'est point encore écoulé depuis la promulgation de notre Code civil, et déjà cet admirable monu-
ment de législation ne suffit plus aux tendances économiques
de la société moderne. Déjà, à l'exemple du préteur romain[1],
le juge français, pour ne pas mentir à l'équité et à la raison, se voit contraint de plier, par une interprétation aussi
large que possible, des textes précis et obligatoires à des

---

1. « C'est un beau et religieux spectacle de voir avec quel scrupule
le juge romain se laisse pousser d'interprétation en interprétation
hors de la loi écrite, marchant, traîné plutôt, et ne convenant jamais
qu'il a marché. Il faut voir comme il se tourmente et tourmente la
langue, comme il ruse avec les vieux textes, comme il arrache à l'im-
pitoyable airain des pensées de douceur et d'équité qui n'y furent
jamais. » (MICHELET, *Origines du droit français.*)

créations nouvelles qui s'imposent par leur moralité et leur utilité[1].

Au premier rang de ces nouveautés les Tribunaux rencontrèrent les Assurances sur la vie, vers lesquelles s'écoule chaque année une importante partie de l'épargne française :

Depuis leur origine, qui ne remonte qu'à 1819, jusqu'au 1er janvier 1875, les Compagnies parisiennes ont assuré *deux milliards trois cent soixante et un millions cinq cent mille francs* (2 361 500 000) ;

Au 1er janvier 1876, il restait en vigueur 154 425 contrats assurant un capital de *un milliard cinq cent soixante-sept millions neuf cent quarante mille francs* (1 567 940 000), moyennant *quarante millions* (40 000 000) *de primes.*

Bien que les rédacteurs du Code civil semblent avoir omis à dessein ces sortes d'opérations interdites dans notre ancien droit[2], il serait superflu de discuter *leur légalité* depuis que l'État lui-même s'est fait assureur sur la vie[3] et que le fisc perçoit dans les successions une sorte de droit de mutation sur toutes les sommes, rentes ou émoluments quelconques dus par l'assureur à raison du décès de l'assuré.

Mais quel est le *caractère juridique* des conventions aux-

1. BATBIE, *Révision du Code civil.* Cotillon, 1866. — PELLEGRINO ROSSI. Mélanges. *De la révision du Code civil au point de vue économique.* Guillaumin, 2 vol. in-8°.

2. PORTALIS, en présentant le titre des contrats aléatoires, dans son exposé des motifs à la séance du 14 ventôse an XII, disait : « On a proscrit avec raison les assurances sur la vie des hommes, la vente de la succession d'une personne vivante, parce que de pareils actes sont vicieux en eux-mêmes et n'offrent aucun objet réel d'utilité qui puisse compenser les vices et les abus dont ils sont susceptibles. »

3. Lois du 11 juillet 1868 et du 21 juin 1875.

quelles elles donnent naissance? Quels principes régissent la matière?

Vous voulez laisser après votre mort un capital déterminé, en économisant chaque année une partie de vos gains ou de vos revenus. Si cette épargne est placée en banque ou en valeurs industrielles, les annuités augmentées des intérêts composés pourront peut-être, au bout de vingt ans, atteindre le chiffre espéré. Mais un décès prématuré empêchera cette constitution ou cette augmentation de patrimoine. Pour parer à cette éventualité, vous vous adressez à une compagnie qui reçoit, sous le nom de *prime*, votre épargne annuelle, et s'engage en échange à verser à qui de droit, lors de votre décès, la somme que vous vous proposiez d'amasser, tout en vous faisant, pendant votre vie, participer à ses bénéfices[1].

Cette convention soulève peu de questions juridiques.

De part et d'autre s'offre un risque à courir : il peut se faire que le nombre de primes encaissées ne soit pas suffisant pour couvrir à l'échéance, c'est-à-dire au décès du stipulant, la somme assurée ; mais il arrivera aussi que la vie de l'assuré dépassera les limites prévues par le calcul des probabilités, et alors le capital produit par l'encaissement des primes sera supérieur à la somme à payer.

C'est donc un contrat aléatoire de la nature de ceux dont parlent les articles 1104 et 1964 du Code civil[2], — contrat

---

1. Suivant la définition technique de Charles Ellis :

« L'assurance sur la vie est un contrat par lequel les assureurs s'engagent, moyennant une somme consistant en un capital une fois payé, ou, ce qui est plus commun, moyennant un payement annuel, à payer à celui dans l'intérêt duquel l'assurance est faite ou aux ayants cause de l'assuré, suivant les cas, soit une somme stipulée, soit une rente à la mort de l'assuré, à quelque époque qu'elle ait lieu, s'il s'agit d'une assurance sur la vie entière, ou, s'il s'agit d'une assurance pour un certain nombre d'années, au cas où la mort viendrait à survenir dans l'intervalle. »

2. 1104. — Le contrat est *commutatif* lorsque chacune des parties s'engage à donner ou à faire une chose qui est regardée comme l'équivalent de ce qu'on lui donne, ou de ce qu'on fait pour elle. — Lorsque

si ce n'est exclusivement, du moins plus particulièrement régi par les stipulations de l'acte même, dominées et limitées par les principes généraux du droit.

Mais de graves difficultés surgissent lorsque l'on considère les rapports que peuvent avoir les assurances sur la vie avec les dispositions de notre code qui régissent les successions, les donations et les testaments.

En effet, les contrats d'assurance en cas de décès offrent dans la pratique ce caractère particulier, qu'ils servent presque toujours d'instruments à des dispositions à titre gratuit, et, dès le début, les défenseurs de l'institution ont soutenu que : 1° *le bénéfice de l'assurance ne faisait pas partie du patrimoine de l'assuré; 2° qu'il échappait à l'action de ses créanciers.*

Cette doctrine, d'abord accueillie avec faveur, n'a pas tardé à rencontrer de vives résistances.

Admettre entre les donations et les testaments un troisième genre de libéralités affranchies des formes imposées aux contrats de *bienfaisance*, et auxquelles on accorde, suivant l'expression de la cour de Colmar[1], l'immense privilége de ne pas tomber sous l'application des principes ordinaires de notre droit successoral; supprimer en faveur de ces nouvelles opérations cette règle d'équité que tous les biens

l'équivalent consiste dans la chance de gain ou de perte pour chacune des parties, d'après un événement incertain, le contrat est *aléatoire*.

1964. — Le contrat aléatoire est une convention réciproque dont les effets, quant aux avantages et aux pertes, soit pour toutes les parties, soit pour l'une ou plusieurs d'entre elles, dépendent d'un événement incertain. — Tels sont, — le contrat d'assurances, — le prêt à la grosse aventure, — le jeu et le pari, — le contrat de rente viagère. — Les deux premiers sont régis par les lois maritimes. (*On voit qu'il ne s'agit pas des assurances sur la vie.*)

1. Arrêt du 27 février 1865.

d'un débiteur sont le gage de ses créanciers et qu'avant d'être généreux il faut d'abord payer ses dettes ; — n'était-ce point saper les bases mêmes de notre droit de famille et de propriété?

D'autre part, si le père prévoyant n'a eu pour but que de faire sur ses gains ou ses revenus une part à la mort, pour qu'en le frappant elle épargne les siens, ne faut-il pas que les fruits d'un sacrifice purement volontaire et bien digne d'être encouragé arrivent avec certitude à ceux auxquels il les a destinés? Autrement il n'ira point placer son épargne dans les caisses des Compagnies; il la distribuera chaque année d'une autre manière entre les objets de son affection, et l'assurance se trouvera paralysée dans une de ses applications les plus morales et les plus fécondes.

Dans cette alternative, ou de porter atteinte à l'économie générale de notre Code civil, ou d'arrêter le développement d'une institution si utile que l'État lui-même s'est fait assureur, la jurisprudence, sans toucher aux racines de notre droit privé, a greffé sur les articles 1121 et 1122 du Code civil le droit qui régit la donation contenue dans l'assurance au profit d'un tiers.

Ces articles sont ainsi conçus :

1121. — ON PEUT STIPULER AU PROFIT D'UN TIERS, LORSQUE TELLE EST LA CONDITION D'UNE STIPULATION QUE L'ON FAIT POUR SOI-MÊME OU D'UNE DONATION QUE L'ON FAIT A UN AUTRE. CELUI QUI A FAIT CETTE STIPULATION NE PEUT PLUS LA RÉVOQUER, SI LE TIERS A DÉCLARÉ VOULOIR EN PROFITER.

1122. — ON EST CENSÉ AVOIR STIPULÉ POUR SOI, POUR SES HÉRITIERS OU AYANTS CAUSE, A MOINS QUE LE CONTRAIRE NE SOIT EXPRIMÉ OU NE RÉSULTE DE LA NATURE DE LA CONVENTION.

Appliquons ces articles à notre sujet.

Quand un chef de famille, en contractant une assurance en cas de décès, s'impose un sacrifice annuel qui doit durer toute sa vie, la pensée de prévoyance à laquelle il obéit peut avoir pour objet soit d'enrichir sa succession, soit de garantir les siens du préjudice que sa mort pourrait leur causer.

Tout se résume donc à savoir si l'assuré a entendu créer une *valeur de patrimoine* ou *faire un acte de bienfaisance?*

Après avoir d'abord déclaré qu'il appartenait au juge du fond de décider souverainement cette question, par interprétation des termes de la police et d'après les circonstances de la cause (*Cass.*, 15 juillet 1875), la jurisprudence a posé cette distinction fondamentale, qui est désormais la règle de la matière (*Dalloz*, 1876, 2, 121) :

« S'il a été stipulé dans le contrat qu'au décès du stipulant, la somme assurée serait payée *à ses héritiers, à son ordre*, ou à *une personne qu'il se réserve de désigner*, ou qu'aucune personne n'ait été désignée, le DROIT A CE CAPITAL RESTE DANS SON PATRIMOINE (ART. 1122).

D'où il suit : 1° Que les créanciers du défunt ont sur le bénéfice de l'assurance un droit de gage;

2° Que l'époux commun a droit à la moitié de l'assurance;

3° Que les bénéficiaires n'ont droit à la somme assurée qu'autant qu'ils acceptent la succession et que les héritiers renonçants n'y sauraient prétendre.

« Si, au contraire, l'assurance est faite au profit d'*un tiers déterminé :* de la femme, du père, des enfants, le droit au bénéfice de l'assurance appartient à ce tiers, du jour où il a déclaré vouloir accepter, et, par suite, à l'événement de la condition qui le rend exigible, — c'est-à-dire au décès, — le capital assuré passe directement des mains de l'assureur dans celles du tiers bénéficiaire, SANS JAMAIS ÊTRE ENTRÉ DANS LE PATRIMOINE DU STIPULANT (ART. 1121).

Il en résulte cette double conséquence :

1° Que, hors le cas de fraude, les créanciers ne peuvent prétendre à aucun droit sur le bénéfice de l'assurance;

2° Que ce bénéfice ne fait pas plus partie de la communauté du défunt que de sa succession. »

*
* *

Il n'y a donc plus à discuter aujourd'hui ni la légalité ni le caractère juridique d'une convention par laquelle une Compagnie d'assurances, moyennant une prime déterminée, s'oblige envers un père de famille à verser lors de son décès, une somme déterminée à ses ascendants, à sa femme ou à ses enfants ou à d'autres personnes.

Nous sommes en présence d'une stipulation à titre onéreux faite par l'assuré pour lui-même et d'une libéralité faite à un tiers, comme condition de cette stipulation.

L'article 1973 du Code civil, lequel n'est qu'une application de l'article 1121, nous enseigne qu'une rente viagère peut être constituée « au profit d'un tiers, quoique le prix en soit fourni par une autre personne. — Dans ce cas, *quoiqu'elle ait les caractères d'une libéralité, elle n'est point sujette aux formes requises pour les donations.* »

Or une pareille convention étant permise lorsqu'il s'agit de rentes viagères, pourquoi serait-elle défendue dans un contrat d'assurance en cas de décès? Si l'on peut fournir le capital d'une rente viagère constituée au profit d'un tiers, n'est-il pas logique d'admettre l'opération inverse qui consiste à payer les annuités d'un capital destiné à un tiers?

(Comp. de Caqueray, *Revue pratique*, t. XVI; — C. de Lyon, 2 juin 1863, D. P. 63-2-119; — C. de Paris, 5 avril 1867, D. P. 67-2-221; — C. de cass., 15 décembre 1873, D. P. 74-1-113.)

Ce genre de contrat, dit un avis du conseil d'État, est plus digne de protection que le contrat de rente viagère, puisque l'une est trop souvent le résultat de l'égoïsme et de la cupidité, « tandis que l'autre ne peut naître que d'un sentiment généreux et bienveillant qui porte le souscripteur à s'*impo-*

ser des sacrifices annuels pour assurer aux objets de son affection un bien-être et une aisance dont sa mort pourrait les priver [1]. »

Si le danger que pouvait offrir à la société de criminelles spéculations sur les jours d'un citoyen n'a point arrêté le magistrat, c'est que l'institution offrait un objet réel d'utilité qui compensait les vices et les abus dont elle était susceptible [2].

Elle donnait au père de famille le moyen d'assurer après lui l'existence de sa femme et de ses enfants; « et, liant le présent à l'avenir, elle ranimait les sentiments d'affection et d'intérêt réciproque qui font le bonheur de la société et en augmentent la force [3]. »

1. Avis du conseil d'État du 26 mai 1818, *sur les assurances à prime fixe en cas de décès.*

2. Cour de cassation, 4 juin 1864. — Affaire Couhy de la Pommerais.

3. Arrêts du conseil des 3 novembre 1787 et 27 juillet 1788, *autorisant, confirmant et réglementant les opérations de la Compagnie des assurances sur la vie.*

II

Des conditions requises pour que le bénéfice du contrat d'assurance en cas de décès ne tombe pas dans le patrimoine de l'assuré.

Quelles sont les conditions exigées par l'article 1121 pour que le bénéfice de l'assurance ne tombe pas dans la succession du père de famille et qu'elle échappe entièrement à l'action de ses créanciers?

Pour que l'article 1121 soit applicable, il faut que le stipulant ait lui-même un intérêt appréciable (Comp. Pothier, *des Oblig.*, n° 71 ; Demol., *Traité des contrats*, t. I, n° 247) à ce que le bénéficiaire pour lequel il a stipulé profite de la créance[1].

Or prenons une police où l'assuré ne s'est même pas réservé le droit de participer aux bénéfices de la Compagnie; il a fait un acte d'autant plus respectable qu'il est plus désintéressé. Mais cette absence seule d'intérêt se dresse alors comme un obstacle devant le magistrat auquel on demande de ne pas appliquer les règles ordinaires des donations à cette libéralité inspirée par une

---

1. Paul Herdault. *Traité des assurances sur la vie* Paris. A. Maresq aîné, 1877.

pensée généreuse dont le survivant est l'objet, et réalisée par un sacrifice permanent de l'assuré pendant toute sa vie.

Un éminent professeur de la faculté de droit de Paris, M. Demante, a réfuté l'objection qui consiste à dire que *l'assuré, ne bénéficiant pas du capital pendant sa vie, ne trouve aucun avantage dans cette opération, qui diminue ses ressources et devient plutôt un obstacle au développement de ses affaires.*

« Il faut tenir compte, répond-il, de la sécurité que ce contrat lui procure et dans laquelle il trouve toute liberté d'esprit pour chercher à accroître son avoir.

« Ne puise-t-il pas une grande force dans la certitude que, si la mort vient le surprendre au milieu de ses entreprises inachevées, il laissera à ses enfants des ressources suffisantes pour les terminer et éviter ainsi une liquidation forcée et ruineuse [1] ? »

Je crois que la jurisprudence a consacré une pensée encore plus élevée, et qu'elle a voulu donner une sanction civile à l'accomplissement d'un grand devoir moral qu'aucune loi humaine ne peut forcer l'homme à remplir.

Le Code civil a défini les obligations des pères, des enfants et des époux au cours de leur existence commune. Il ne pouvait aller plus loin [2].

Mais n'est-il pas vrai que les devoirs de protection qu'impliquent les liens de famille créés par le mariage ne finissent pas avec la vie? A ce point de vue l'économie ne se confond-elle pas si bien avec la morale, que, pour être sérieusement vertueux, l'homme, en même temps qu'il assure en ce monde son existence par le travail, doit tâcher

---

1. *Journal des assurances*, année 1876, p. 29.

2. Livre Ier. — Chap. V. — *Des obligations qui naissent du mariage.*

203. Les époux contractent ensemble, par le seul fait du mariage, l'obligation de nourrir, entretenir et élever leurs enfants.

205. — Les enfants doivent des aliments à leurs père et mère et autres ascendants qui sont dans le besoin.

762. La loi accorde des aliments aux enfants adultérins et incestueux.

de garantir l'avenir des siens contre le préjudice que sa mort pourrait leur causer ?

Les parents sont tenus à la dette alimentaire envers leurs enfants ou descendants, et ces derniers sont réciproquement obligés à fournir des aliments à leurs ascendants. Or la dette alimentaire est un rapport d'obligation qui s'éteint à la mort de ceux qui le doivent. L'assurance, en cas de décès, a été instituée pour le continuer au delà du tombeau.

Serait-il équitable qu'après avoir mis au monde une famille qui se perpétuera, c'est-à-dire après avoir créé des besoins transmissibles, il ne fût pas possible, par ce nouveau mode d'épargne, de payer, après la mort, une dette d'aliments correspondant à l'obligation naturelle qui lie les ascendants aux descendants et réciproquement ?

La jurisprudence a donc mis d'accord le droit avec l'équité.

C'est l'acquittement de cette dette morale qui constitue, dans l'application aux assurances en cas de décès de l'article 1121, l'avantage, l'intérêt incontestable de l'assuré.

Cette première difficulté écartée, arrivons aux conditions à remplir. Il y en a trois :

La libéralité doit : 1° être faite par le même acte que la stipulation à titre onéreux ; 2° s'adresser à un tiers déterminé ; 3° être acceptée par ce tiers.

⋆
⋆ ⋆

I. *L'attribution du bénéfice de l'assurance doit être faite par le même acte que la stipulation de la somme assurée.*

Cette condition ressort des termes mêmes de l'article 1121 :
« On peut stipuler pour soi-même au profit d'un tiers, lors-
« que telle est la condition d'une stipulation que l'on fait
« pour soi-même. »

Conséquemment le transfert de la somme assurée postérieurement à la signature de la police n'empêche pas que le capital assuré n'ait été acquis à l'assuré dès le jour du contrat et ne soit entré dans son patrimoine ; — il ne constitue pas la stipulation prévue par l'article 1121.

C'est ce que la Cour de cassation a formellement décidé.

Le sieur Jeantet avait souscrit sur sa tête, le 29 *avril* 1868, une assurance de 10 000 francs au profit de la personne qu'il désignerait, — ou de ses héritiers, à défaut de désignation.

Le 2 mars suivant, il inscrit de sa main et signe au bas de la police cette déclaration :

La somme portée au présent contrat sera payée à mon décès à la demoiselle Pioch.

L'assuré vint à décéder laissant sa femme et un enfant. Sur l'opposition de la veuve, — la bénéficiaire prétendant que le capital assuré (10 000 francs) n'avait jamais fait partie du patrimoine du défunt et qu'elle était devenue propriétaire du jour du contrat, — la Cour suprême a décidé, en ce qui touche le point particulier qui nous occupe, par un arrêt du 10 novembre 1874 :

« Que le transfert fait par Jeantet, le 2 mars 1868, du « bénéfice de la police qu'il avait souscrite le 29 avril « précédent ne constituait pas la stipulation de l'art. 1121.

« Attendu que ce transfert n'ayant eu lieu que deux jours « après le contrat d'assurance, le droit au capital assuré « avait été irrévocablement acquis à Jeantet, qu'il était « entré dans son patrimoine, et que la libéralité dont il en « avait fait l'objet tombait sous l'application des règles « ordinaires de notre droit successoral. »

Si au contraire la Compagnie, par *l'acte même* du 29 avril, s'était engagée envers Jeantet à payer la somme assurée à la demoiselle Pioch, le droit de cette dernière étant né au moment de la convention, la somme de 10 000 fr. lui eût été entièrement acquise, tandis que, dans l'espèce, elle fut réduite à la quotité disponible.

Le même principe est exposé dans un arrêt de la Cour de Lyon, où se trouve le considérant suivant :

« La stipulation de l'art. 1121 crée au profit du destinataire du capital un droit qui naît dès le moment même du contrat, et qui, simplement suspendu dans son exercice, existait parallèlement à l'obligation où était l'assureur de payer le capital en temps convenu ; — si à aucune époque le montant de l'assurance n'est tombé dans le domaine de l'assuré, il ne peut faire partie de sa succession. » (Cour de Lyon, 2 juin 1863.)

On objecterait en vain que c'est là une violation de l'article 1130 du Code civil, qui prohibe les pactes sur les successions non ouvertes.

Le droit du tiers est un droit né au moment de la signature de la police, et dont l'exigibilité seulement est reculée à l'époque du décès de l'assuré.

II. *Qu'entend-on par un tiers déterminé?*

Si l'on veut que la clause bénéficiaire d'une police rentre dans la stipulation dont s'occupe l'article 1121 du Code civil, il faut que le dessaisissement soit fait au profit d'un *tiers déterminé et explicitement désigné.*

Sur ce point quelques exemples vaudront mieux que toutes les théories.

La Cour d'appel de Colmar, dans un arrêt célèbre et qui fit longtemps autorité (27 févr. 1861), avait décidé « que l'ex-« pression d'*héritiers* dans le contrat d'assurance pouvait « n'avoir eu pour objet que de désigner les bénéficiaires « du contrat dans leur individualité par une qualification « qui ne pût laisser aucun doute, c'est-à-dire que les « bénéficiaires doivent être les personnes qui, au moment « du décès, seraient appelées d'après la loi comme *héri-*

« *tiers*, soit qu'ils acceptent, soit qu'ils renoncent à la
« succession [1]. »

La cour de Besançon [2] avait jugé dans le même sens,
« que la somme qui, dans un contrat d'assurance sur la
« vie, est stipulée par un assuré payable *à ses héritiers et*
« *ayants droit*, peut, d'après l'intention du stipulant, ne
« pas faire partie de sa succession.

« Il n'est pas nécessaire, disait l'arrêt, que les bénéfi-
« ciaires de l'assurance soient nominativement désignés,
« pourvu qu'il n'existe pas de doute sur les véritables
« bénéficiaires.

« Par *héritiers ou ayants droit* on peut entendre *la veuve*
« *et les enfants de l'assuré*, sans se préoccuper du sort de
« sa succession. Le bénéfice leur appartient alors en vertu
« d'un droit direct et personnel dérivant du contrat lui-
« même. »

Cette doctrine a été définitivement repoussée par la Cour
de cassation (25 juillet 1875). Lorsqu'une personne a assuré
sur sa vie une certaine somme stipulée payable à ses *héri-*
tiers ou ayants droit ou *à son ordre*, ses enfants n'ont à son
décès aucun droit personnel, indépendamment de leur qua-
lité d'héritiers, au bénéfice de leur assurance.

« En effet, conformément à l'article 1121 du Code civil,
« la stipulation au profit d'autrui ne peut conférer de
« droit qu'*à une personne déterminée ;* or le mot héritier,
« supposant la vocation de personnes existant lors du décès
« du stipulant, répugne à l'idée d'une personne déterminée.
« Le cours du temps apporte des changements imprévus
« qui font que les héritiers du jour du contrat peuvent ne
« plus être ceux existant au décès ; dès lors on se trouve
« en dehors des stipulations permises par l'article 1121
« précité [3]. »

---

1. Cour de Colmar (27 février 1865). Demoiselle Schneider contre
Schneider (syndic) et *la Nationale.*
2. Cour de Besançon (23 juillet 1872). Tamisier contre *l'Union.*
3. Cour d'Amiens (30 décembre 1873). Legrand contre Devergier.

Un arrêt de la cour d'Aix, adoptant les motifs des tribunaux de Marseille, s'exprime ainsi :

« L'article 1121, en permettant, *par exception*, de stipu« ler au profit d'un tiers, en ajoutant que celui qui a fait
« la stipulation ne peut plus la révoquer si le tiers a
« déclaré vouloir en profiter, a implicitement exigé la
« désignation du bénéficiaire, sinon par son nom, au moins
« par sa personnalité : autrement l'acceptation qui doit
« rendre l'avantage irrévocable serait impossible s'il était
« permis d'équivoquer, si l'indication pouvait avoir une
« double portée, si l'individualité n'était pas déterminée.

« Au lieu de se servir du mot *enfants*, ce qui dissiperait
« tous les doutes, employer le mot *héritiers*, c'est-à-dire
« une expression qui correspond à l'hérédité, à la conti« nuation de la personne, à la succession, ce n'est pas
« exprimer la volonté de stipuler pour autrui[1]. »

On a prétendu qu'en ces matières le mot *héritier* devait
être pris dans le sens d'*enfants*, lorsqu'il en existe au moment de la convention, et s'appliquer à ceux-ci et non à
l'*hérédité*. La cour d'Amiens répond que c'est là une interprétation arbitraire et hasardée :

« Si en effet, dit un arrêt du 30 décembre 1873, en ayant
« recours à une assurance sur la vie, le père de famille
« obéit généralement à un sentiment de prévoyance qui
« doit le plus ordinairement profiter à ses enfants, il faut
« admettre aussi que le bien-être des siens ou leur avan« tage exclusif ne saurait être son seul mobile ; qu'il peut
« et doit avoir également le sérieux souci de leur laisser
« un nom intact, et que le désir de remplir ses engage« ments avec honneur n'a pas moins sujet de le pousser
« à augmenter son patrimoine du bénéfice d'un contrat
« d'assurance.

1. L'argument aura encore plus de force, si à ce mot, *héritiers*, on ajoute un terme qui s'éloigne encore plus de la désignation de ces enfants, celui d'*ayants droit*, dénomination aussi large que possible, comprenant tous les successeurs à titre universel et à titre particulier.

« Il est donc plus exact de dire que le terme d'*héritiers*
« correspond' plutôt à la pensée d'hérédité, de continua-
« tion de la personne que celui d'*enfants* ; il a ce sens dans
« la langue juridique et fréquemment dans la langue
« usuelle, et dans le doute il y aurait encore lieu de s'en
« tenir au sens littéral des mots. »

III. *De l'acceptation du bénéfice de l'assurance.*

S'il n'est pas nécessaire, d'après le Code civil, que l'acceptation d'une libéralité intervienne immédiatement après
les offres, et qu'elle puisse les suivre à un intervalle plus
ou moins considérable, néanmoins une offre ne peut plus
être utilement acceptée, lorsque celui qui l'a faite est
décé lé.

Comment donc concilier ce principe général avec l'application de l'art. 1121 au bénéfice de l'assurance en cas de
décès[1]?

Le stipulant peut n'avoir, de son vivant, fait aucune offre
au bénéficiaire ; par son épargne annuelle, il entretenait
un projet secret de libéralité qu'il était toujours libre
d'abandonner et qui serait devenu caduc par le fait même
du non-payement de la prime.

Sans doute il y a là une dérogation aux principes qui

---

1. On soulève encore une difficulté tirée de l'art. 906, qui *déclare
nulle toute donation faite au profit d'une personne qui n'est pas encore
conçue au moment de la donation.*

La question est grave pour le père de famille, qui le plus souvent
stipule au profit de *ses enfants nés et à naître.*

La jurisprudence répond qu'il suffit, pour la validité d'une donation,
que le donataire soit conçu à l'époque où l'offre est acceptée, en son
nom, dans un acte postérieur, conformément à l'art. 932 : « Il est
évident, dit M. Demante, que c'est au moment de l'acceptation qu'est
requise l'existence du donataire, et qu'il n'y aurait pas plus de raison
pour exiger sa conception au moment de la pollicitation, improprement
appelée donation, que pour exiger celle du légataire au moment de la
confection du testament. »

régissent les libéralités ordinaires, mais cette dérogation tient à la nature même du contrat d'assurance.

L'acceptation du bénéficiaire, après le décès du stipulant, suffit pour que la condition du contrat onéreux ait son plein et entier effet rétroactivement au jour de la signature du contrat, et qu'en conséquence la somme assurée n'ait jamais fait partie du patrimoine de l'assuré.

Le décès de l'assuré rend irrévocable la stipulation faite en faveur du tiers. C'est le terme qui suspendait l'obligation de l'assureur. Ce terme étant arrivé, la Compagnie devra payer immédiatement la somme assurée au bénéficiaire qui déclare accepter.

*
* *

En résumé, si l'assurance a été contractée par le défunt au profit de ses *héritiers* ou *ayants droit*[1], la somme assurée fait partie de son patrimoine : c'est une valeur de succession soumise aux règles ordinaires.

Le défunt, au contraire, a-t-il nommément désigné comme bénéficiaires, dans la police, sa femme, ses enfants, ou l'un d'eux seulement : — ceux-ci recueilleront l'assurance *jure proprio*, en vertu d'une vocation propre, d'un droit personnel. *La somme assurée ne fait pas partie de son actif.*

Il n'y a aucune atteinte portée à ce principe de l'article 2003 : *Les biens du débiteur sont le gage commun de ses créanciers*, dans l'application de la théorie juridique en vertu de laquelle les créanciers de la succession ne peuvent saisir les sommes que l'assureur doit payer au tiers bénéficiaire.

En effet, lorsqu'au décès de l'assuré, le tiers bénéficiaire recueille le profit de l'assurance, *c'est sa chose* qu'il prend,

---

1. Demante, t. IV, n° 26 bis I. — Troplong, t. II, *des Donations*, n° 616. — Marcadé, sur l'art. 906.

en vertu d'un droit personnel, remontant au jour même du contrat, et dont l'exigibilité était suspendue jusqu'au décès de l'assuré ou a été ajournée au moment du décès.

La somme assurée reste également en dehors de l'actif de la faillite, le tiers bénéficiaire étant saisi « rétroactivement, à partir de la convention même, du droit à la somme assurée, » sous la réserve, bien entendu, de l'application des articles 446 et suivants du Code de commerce[1].

Le juge appréciera, d'après les circonstances, quelle a été la véritable intention du stipulant lors de la formation du contrat, quelle était alors sa position commerciale, et l'attribution du bénéfice sera maintenue s'il est démontré que le stipulant n'a été mû dans ses agissements que par esprit de famille, et non pour préjudicier à ses créanciers[1].

---

1. Jugement du tribunal de commerce de la Seine, du 18 juin 1869, confirmé, avec adoption de motifs, par un arrêt de la Cour de Paris du 7 mars 1870. (*Journal des assur.*, t. XXII, p. 29, aff. Syndic Mourgues c. dame veuve Mourgues.

2. Com. c. de Paris, 24 janvier 1874 (*Journal des tribunaux de commerce*, par Teulet et Camberlin, t. XXIII, année 1874, p. 267, n° 8071).

En cas de fraude à leurs droits, les créanciers auraient la ressource de l'art. 1167 du C. civ., pour faire annuler le contrat, et faire rentrer dans le patrimoine du défunt le montant des primes payées. Mais, d'après les principes de l'action Paulienne, ils devraient établir la complicité de l'assureur.

Jugé que la veuve d'un failli ne pouvait prétendre à la somme assurée, alors que l'assurance, ayant fait originairement l'objet d'une police *à ordre*, le mari y avait substitué une nouvelle police, stipulant *au profit de sa femme*, en vue de parer aux critiques dont une cession par endossement ou par transport aurait pu être l'objet de la part des créanciers.

Trib. de comm. de la Seine, 14 février 1873, *Journ. des trib. de comm.*, par Teulet et Camberlin, t. XXII, année 1873, p. 481, n° 7868. — Charleroi, 9 mai 1874 (*Pasicrisie belge*, année 1874).

III

**Des donations entre époux par contrat d'assurance
en cas de décès.**

Le mariage, avons-nous dit, implique des devoirs et des
engagements de protection qui ne finissent pas à la vie de
l'un des époux. Les obligations qui en découlent se pro-
longent au delà du tombeau envers l'époux réduit au
veuvage comme envers les enfants.

Quels services l'assurance en cas de décès peut-elle
rendre au mari et à la femme?

Elle sera pour l'*époux* un moyen ou de mettre la dot de
sa femme à l'abri de toute éventualité ou de se prémunir
contre les embarras ou la gêne auxquelles pourrait l'ex-
poser l'obligation de restituer la dot qu'il a reçue.

En Angleterre, il ne se fait guère de mariage sans contrat d'assurance au profit de la *future épouse*. Si le fiancé
ne songeait pas à donner à celle-ci cette garantie de son
avenir, les parents ne manqueraient pas de lui en imposer
l'obligation[1]. L'exemple a été suivi en France, et l'on voit

1. Bergeron. *Qu'est-ce que l'assurance sur la vie ?*

aujourd'hui fréquemment une police d'assurance faire l'objet d'une donation du futur époux à sa future, dans un contrat de mariage.

Voici par exemple une clause d'un contrat de mariage contenant donation du bénéfice d'une police d'assurance en cas de décès :

Donation par le futur époux à la future épouse.

« Le futur époux fait donation à la future épouse, qui
« accepte, pour le cas où elle lui survivrait, de la toute
« propriété :
« 1° De tous les biens, meubles, etc. ;
« 2° Et d'une somme de *dix mille francs.*
« A cet égard, le futur époux fait observer :
« Qu'il résulte de son contrat de mariage qu'il a con-
« tracté, avec la Compagnie ***, une assurance sur la vie,
« en conséquence de laquelle, et par suite d'un versement
« annuel de 390 francs qu'il doit faire pendant toute sa
« vie, la Compagnie doit verser à son décès une somme
« principale de dix mille francs ;
« Que, d'après la déclaration faite par lui, cette somme
« doit être remise, à son décès, à Mlle ***, son épouse ;
« Que cette somme est affectée à la donation de pareille
« somme ci-dessus, et fait, par suite, double emploi dans
« cette donation ;
« Qu'en conséquence, si la Compagnie, à son décès, se
« trouve la débitrice de ladite somme de *dix mille francs,*
« Mlle *** touchera cette somme et n'aura aucune récla-
« mation à faire à la succession du donateur, en raison de
« la donation de *dix mille francs* qui précède ;
« Mais que dans le cas où la Compagnie d'assurances
« sur la vie ne devrait pas toute la somme à la succession
« de M. X..., soit par suite du défaut de payement de

« polices annuelles, par ce dernier, soit pour toute autre
« cause, il était bien entendu que la différence entre la
« somme due par la Compagnie d'assurance et remise à la
« future épouse, et celle de dix mille francs faisant l'objet
« de la donation qui précède, serait prélevée sur la
« succession du donateur, et payable dans les six mois de
« son décès, avec intérêts au taux de cinq pour cent
« l'an, à compter du jour de son décès.

La loi anglaise a institué pour les *assurances* que nous
pourrions appeler *matrimoniales* des *trastees*, sortes de curateurs chargés de veiller à ce que le mari paye exacte-
ment ses primes. Ces curateurs ont contre lui une action
en justice, par cette raison que la garantie donnée à la
femme par le contrat d'assurance a pu être une des causes
déterminantes du mariage.

En France, le droit qui régit l'association conjugale,
quant aux biens, déclare irrévocables les donations entre
époux faites par contrat de mariage, — donc, la police ap-
portée par le futur époux à sa fiancée, ne doit plus après
le mariage être résiliée ou cédée même aux enfants : le
*bénéfice en appartient personnellement à celle-ci et ne
dépend pas de la succession du mari.*

Les mêmes principes s'appliquent aux libéralités que
peuvent se faire les deux époux, pendant le mariage, au
moyen de l'assurance en cas de décès.

Première espèce. — Tous les biens qui nous viennent
de nos ancêtres doivent, en principe, retourner aux descendants de la souche commune, et les dispositions à titre
gratuit, dont ils peuvent être l'objet, sont restreintes à
certaines limites qu'a tracées le Code civil.

Nous parlons du patrimoine acquis, du capital.

Mais il en est autrement des revenus; et c'est ici que l'assurance apparaît comme une institution réparatrice de l'injustice qu'on reproche à notre droit privé d'avoir commise envers l'époux survivant, en ne lui assignant pas un rang plus favorable dans l'ordre des successions.

Il ne faut pas, dit M. Delsol, « que la vie commune que les époux s'étaient faite par des apports respectifs, puisse, à la mort de l'un d'eux, subir une transformation complète qui forcerait l'autre époux à déchoir, à se séparer violemment de toutes ses habitudes.... L'abaissement ne doit pas accompagner le deuil. »

On ajoute que si la mort de l'un des époux laisse le survivant dans une situation de fortune inférieure à celle de ses enfants, l'autorité paternelle peut s'en trouver amoindrie; elle ne reste plus entourée d'un prestige suffisant de respect, quand les enfants prennent tout l'héritage, en présence du père ou de la mère, dépouillés complétement de leur jouissance accoutumée, et tombant dans une position médiocre, subalterne.

C'est à prévenir cette déchéance que l'assurance est destinée. Vous voulez que le patrimoine laissé par vos ancêtres retourne intact à votre famille, à vos héritiers directs ou collatéraux; mais vous pouvez disposer de vos revenus, et par eux reconstituer un nouveau capital certain, dont le conjoint survivant aura seul le bénéfice, sans qu'il ait été porté atteinte au droit de famille.

Voilà un premier cas où les donations entre époux par contrat d'assurance complètent le Code civil, sans porter atteinte à l'ordre des successions.

Autre espèce. — Deux époux ont une fortune à peu près égale, composée pour la plus grande partie d'immeubles, de biens de ville et de campagne, et de quelques valeurs mobilières. Par contrat de mariage, ou postérieurement, ils se sont réciproquement donné tout ce que la loi leur permettait. L'assurance sur la vie ne paraît pas avoir, en l'espèce, une grande utilité. Et pourtant nous avons vu plus d'un exemple, ou même dans la situation qui précède, l'assurance a rendu les plus grands services au conjoint survivant.

La mort peut surprendre l'un des époux à l'heure d'une crise politique ou financière. Les frais de succession, les legs particuliers à servir, les droits d'enfants majeurs à liquider, les dettes courantes, vingt causes diverses peuvent obliger le survivant à des remboursements immédiats qu'il lui serait peut-être impossible d'effectuer, sans vendre à perte ou des immeubles ou des actions. Une assurance sur la vie entière, sur la tête des deux époux, le capital assuré payable par la Compagnie, au premier décès, apportera au survivant, 25, 30, 50 000 francs d'argent comptant, qui lui permettront de faire face à toutes les exigences, sans opérer une réalisation très-coûteuse de valeurs qui peuvent se trouver momentanément dépréciées.

Troisième espèce. — Si la fortune, au lieu d'être venue des deux côtés, appartient presque entièrement à l'un des deux époux, alors l'assurance sur la vie nous donne un sûr moyen de combler la lacune signalée dans le Code civil, au sujet du droit successoral de l'époux survivant.

En effet, l'époux fortuné, en dehors des avantages qu'il peut constituer par contrat de mariage, trouve dans l'assurance sur la vie un moyen de pourvoir à la situation de l'époux survivant, moyen qui échappe complétement au contrôle et à la critique de ses héritiers. Nous avons exposé tout au long le système de la jurisprudence, sur ce point nous n'insisterons pas davantage. Qu'il nous suffise de rappeler que le *bénéfice de l'assurance ne tombe pas dans la succession au moment de la mort, et par conséquent l'époux survivant*, sur le certificat de décès de son conjoint, touche, immédiatement et sans frais, le capital assuré. La mort n'était qu'une échéance, le capital appartenait au bénéficiaire depuis le jour de la signature du contrat.

Quatrième espèce. — Si le mari et la femme travaillant chacun de leur côté ou en commun concourent également aux besoins du ménage et aux dépenses que nécessite l'éducation de leurs enfants, comme la mort de l'un d'eux diminuerait les ressources de l'autre sans amoindrir beaucoup ses charges, ils devront garantir l'avenir en assurant sur leurs deux têtes un capital proportionné à leurs ressources, payable au survivant le jour du décès de son conjoint.

Cinquième espèce. — Si la femme seule a de la fortune et que le mari occupe un de ces emplois plus honorifiques que lucratifs, qu'il soit magistrat, fonctionnaire, ou qu'il se contente d'administrer au mieux des intérêts de la famille les biens qui lui ont été apportés en mariage ; sans violer les prescriptions du Code civil, sans même prendre sur le patrimoine toute la quotité disponible, par le moyen de l'assurance, la femme pourra éviter à son mari cette déchéance sociale, cet amoindrissement de l'autorité paternelle dont nous avons déjà parlé.

Le même raisonnement s'applique si le mari a épousé une femme pauvre ; inutile d'insister.

Ainsi, tout en respectant l'ordre successoral établi par le Code, sans relâcher les liens de la parenté, le contrat d'assurance, justement consacré par la jurisprudence, permet de créer à l'époux survivant une situation équitable et digne, qui l'empêche de passer de l'aisance ou la fortune dont il avait joui dans le mariage, à un état de gêne et de dénûment : de déchoir en un mot.

IV

Droit fiscal. — Loi du 21 juin 1875.

Des difficultés se sont fréquemment élevées, jusqu'à la promulgation de la loi de finance du 21 juin 1875, sur le point de savoir si l'impôt de mutation par décès doit être exigé, dans tous les cas, sur les sommes, rentes et émoluments que les *Compagnies d'assurances sur la vie* payent à raison du décès de l'assuré.

Sur cette question, la jurisprudence fiscale était en désaccord avec la jurisprudence civile. Le jugement suivant, rendu par le tribunal civil d'Abbeville, nous en offre un instructif exemple :

« Attendu que, par acte du 23 avril 1869, le sieur Huquet-Piolé et la Compagnie d'assurances *** ont fait un contrat d'assurance sur la vie, aux termes duquel le sieur Huquet s'engageait à payer une prime annuelle de 95 francs 70 centimes à la Compagnie ***, laquelle, de son côté, s'obligeait à verser, au jour du décès dudit Huquet, à sa femme un capital de 3000 francs;

« Attendu que le sieur Huquet est décédé le 11 février 1872; qu'à cette date il avait payé pour primes échues, une somme totale de 287 francs 70 centimes à la Compagnie ***, laquelle, de son côté, a versé à la veuve la somme considérable de 5000 francs ;

« Attendu que dans la déclaration de succession, faite au bureau d'Abbeville le 21 juillet suivant, la veuve Huquet a fait figurer au chapitre des récompenses par elle dues à la communauté d'entre elle et son défunt mari, ainsi que cela devait être, les 287 francs 70 centimes versés pour primes, dans son seul intérêt à elle, par le sieur Huquet, pendant la durée du mariage, mais que, la somme de 5000 francs touchée par ladite dame de la Compagnie *** ne figurant pas dans la déclaration de succession et n'ayant pas fait ultérieurement l'objet d'une déclaration spéciale dans le délai légal, l'administration a fait décerner contre la dame veuve Huquet, à la date du 5 juillet 1875, une contrainte à l'effet d'avoir payement de 210 francs 24 centimes, représentant le montant non-seulement du droit simple de mutation par décès, mais aussi du droit double, par application, notamment des articles 4 et 1, § 8, 21 et 39 de la loi du 22 frimaire an VII ;

« Attendu que les articles 4 et 1, § 8, invoqués par l'administration de l'enregistrement se servent de ces mots : « Transmission entre vifs ou par décès ; » que toute la question du procès est donc de rechercher si le droit à la propriété du capital touché par la veuve Huquet a été transmis des mains de son mari dans les mains de la dame veuve Huquet ;

« Attendu qu'aux termes mêmes de l'acte du 23 avril 1869, l'obligation de la Compagnie était de donner 5000 francs, non pas au sieur Huquet, en aucun cas, mais seulement à la dame Huquet, si ladite dame survivait à son mari ; que cette obligation était donc souscrite au profit de la dame seule et était, de plus, soumise à une condition, et partant se trouvait régie par les dispositions de la première section du chapitre iv du titre III du troisième livre du Code civil ;

« Attendu que la prétention de l'Administration de s'affranchir de ces dispositions n'est pas sérieuse ; que les principes posés par le Code civil sont les seuls guides à suivre pour déterminer la nature, le caractère et les effets des conventions ; que ce n'est qu'après, et lorsque cette nature, ce caractère et ces conventions ont été déterminés et bien fixés à l'aide de ces principes, que les lois fiscales peuvent venir exercer leur action sur les conventions ainsi établies et s'appliquer aux conséquences qui en découlent légalement ;

« Attendu que, la condition suspensive posée au contrat du 23 avril 1869 s'étant accomplie, cet événement a eu pour effet, aux termes de l'art. 1179 du Code civil, de faire rétroagir l'obligation de la Compagnie au jour même où elle avait été contractée ; qu'il en résulte que, cette obligation étant, ainsi qu'il vient d'être dit, de payer 3000 francs à la dame Huquet, devenue veuve par le prédécès du sieur Huquet, cette dame s'est trouvée, par l'effet même du prédécès et par suite des dispositions de l'art. 1179 précité, avoir été créancière de la Compagnie du montant de 3000 francs dont il s'agit, non pas seulement depuis le jour du prédécès du mari, mais bien depuis le 23 avril 1869, jour du contrat d'assurance ; que, par conséquent, il est incontestable qu'elle a toujours eu sur cette somme un droit exclusif et n'a pu la recueillir des mains de son mari ou la trouver dans sa succession, son dit mari n'ayant jamais eu aucun droit personnellement à la propriété ou jouissance de ladite somme ;

« Attendu, en effet, que bien que ce soit par l'action de la volonté persistante de son mari que la veuve Huquet a été investie du droit de toucher les 3000 fr. à elle assurés par la Compagnie, vis-à-vis de laquelle le sieur Huquet s'est obligé, à cet effet, à verser un certain nombre de primes, il n'en est pas moins vrai que, dans quelque hypothèse qu'on se place, jamais le sieur Huquet n'aurait pu réclamer lui-même à la Compagnie le payement de cette somme ; qu'il aurait bien pu seulement, par l'inexécution de son engagement, délier la Compagnie de l'obligation de payer le montant de l'assurance à la veuve, mais que son droit se bornait là et ne pouvait jamais atteindre le capital promis, capital qui n'a jamais été dans les biens ni dans la succession dudit sieur Huquet et auquel il n'a jamais eu aucun droit ;

« Attendu que, de tout ce qui précède, il résulte qu'il n'y a pas eu de mutation ou de transmission de la propriété des 5000 francs dont s'agit, du sieur Huquet à la dame Huquet ; que les articles de la loi de frimaire an VII, invoqués par l'administration, ne trouvent donc pas leur application dans l'espèce, et que ni le double droit, ni même le droit simple réclamés par l'administration de l'enregistrement ne lui sont dus ; qu'ainsi c'est à tort qu'elle a décerné la contrainte du 5 juillet 1873 ;

« Par ces motifs.... »

Le jugement qui précède est du 24 mars 1874 ; — le 21 juin 1875 l'Assemblée nationale votait la loi suivante :

« Art. 6. — Sont considérés *pour la perception des droits de mutation par décès*, comme faisant partie de la succession d'un assuré, sous *la réserve des droits de communauté*, s'il en existe une, les sommes, rentes, ou émoluments quelconques dus par l'assureur, à raison du décès de l'assuré.

« Les bénéficiaires *à titre gratuit* de ces sommes, rentes ou émoluments, sont soumis aux droits de mutation, suivant la nature de leurs titres et leurs relations avec le défunt, conformément au droit commun. »

« L'article 6, dit une instruction de la régie pour l'exécution de la précédente loi, est destiné à mettre un terme aux difficultés qui ont surgi entre le fisc et les bénéficiaires des contrats d'assurance sur la vie.

« Il décide, d'une manière générale, que ces valeurs doivent être considérées, *pour la perception du droit*, comme faisant partie de la succession de l'assuré. Il contient une réserve au sujet des droits de communauté, s'il en existe une. D'après les observations du rapporteur, cette réserve signifie que, si l'assuré est marié sous le régime de la communauté, la femme survivante ne doit pas le droit de mutation sur la part qu'elle prélève comme commune en biens.

« Il a été expliqué, au cours de la discussion, que lorsqu'un assuré s'est dessaisi pendant sa vie, au moyen d'une cession *à titre onéreux*, de l'émolument éventuel de l'assurance, cet émolument n'est pas passible, lors de son décès, du droit de mutation.

« Quant aux bénéficiaires *à titre gratuit* des sommes ou autres valeurs stipulées par les polices, ils sont dans tous les cas, et d'après les termes formels de l'article 6, soumis aux droits de mutation, conformément au droit commun. »

Conformément au droit commun : que faut-il entendre par là ?

La loi du 21 juin 1875, en classant parmi les matières imposables les sommes dues par l'assureur à raison du décès de l'assuré, aura-t-elle pour conséquence de faire entrer dorénavant ladite somme dans le patrimoine de l'assuré? Pour répondre à cette question, il faut nous reporter à la discussion ; elle ne laisse aucun doute à cet égard.

C'est en se plaçant au point de vue du droit fiscal de l'égalité devant l'impôt que M. Henri Villain, rapporteur, a enlevé les suffrages de l'Assemblée.

Il a pris pour exemple un homme ayant économisé avec beaucoup de peine 2 ou 3000 francs qu'il a déposés par parties à la caisse d'épargne. Cet homme meurt : sa famille, ses enfants, sa veuve, qui est donataire, sont obligés de payer au fisc un droit.

A côté de cet homme, un autre s'est assuré, c'est un autre mode de l'épargne ; il meurt ; le droit à la succession s'ouvre pour la veuve qui est sa donataire, pour les enfants ou les collatéraux qui sont ses héritiers.

De quoi s'agit-il pour le fisc ? De percevoir les droits établis en vertu de nos lois sur les successions.

Il n'y a pas de difficulté pour ce qui concerne le montant du droit sur l'épargne faite sou à sou et déposée dans les caisses d'épargne. Le fisc percevra ce qui lui est dû. Mais doit-il en être de même du capital dû à la succession par une Compagnie d'assurances? Ce capital n'est-il pas, comme l'autre, le produit de l'épargne, et ne doit-il pas tomber sous le coup des mêmes droits fiscaux?

Toute la question se réduit à ces simples termes : atteindre l'un et l'autre des deux capitaux qui tombent dans la succession.

En résumé, il s'agit d'établir l'égalité devant l'impôt entre les héritiers qui recueillent des sommes de provenance diverse, mais qui ressortent toutes de l'épargne de leur auteur.

Au point de vue du droit civil, M. Alfred André (Seine) a fait des réserves expresses qui ont été acceptées et nous indiquent la portée véritable de la loi.

« On nous propose de considérer, a-t-il dit, pour la perception du droit de mutation, comme faisant partie de la succession d'un assuré, les sommes, rentes et émoluments dus par l'assureur à raison du décès de l'assuré. S'agit-il, en effet, ici d'une mutation ? Mais, messieurs, c'est le fond d'une question pendante depuis longtemps et tranchée par les cours et tribunaux contre la pensée de la commission, *toutes les fois que les contrats d'assurance ont été passés au profit de bénéficiaires déterminés.*

« Alors, que propose la commission ? Elle vous demande de *trancher la question* dans le sens des prétentions de l'enregistrement, *mais seulement au point de vue du fisc.* On ne *s'occupe pas du droit,* et on a raison assurément : car la liquidation des contrats d'assurance soulève, au point de vue du droit, une foule de questions qui sont en suspens, questions qui ne seront bien résolues que lorsque la jurisprudence pourra s'appuyer sur des usages plus étendus et plus variés. *Ces questions ne peuvent être résolues par une loi fiscale.* »

Tout l'esprit de la nouvelle loi se trouve résumé dans les paroles qui précèdent, l'interprétation donnée au projet de loi par M. André, quant à ses conséquences juridiques, n'ayant point été contredite par la commission.

Nous pouvons donc en tirer cette conséquence, que la loi ne s'est point occupée du droit, qu'elle n'a pas eu pour but de trancher les questions en litige que peut soulever la liquidation des contrats d'assurance, mais simplement de frapper d'un impôt les sommes perçues par qui de droit au décès de l'assuré, en vertu des contrats passés par ce dernier.

Que, dans la liquidation des droits des parties, la somme assurée tombe ou ne tombe pas dans la succession, l'enregistrement perçoit sur la somme assurée des droits calculés comme les droits de mutation sur la nature du titre et les relations avec le défunt, conformément au droit commun : — voilà toute la portée de la loi du 21 juin 1875.

CONCLUSION

L'assurance sur la vie est un contrat parfaitement légal, d'un genre particulier, *régi* par conséquent, si ce n'est exclusivement, du moins plus spécialement, *par les stipulations de l'acte même*, dominées et limitées par *les principes généraux du droit civil.*

Le principe général du droit civil, c'est que toutes les valeurs laissées par le défunt tombent dans sa succession, qu'elles sont le gage de ses créanciers, que toutes ses libéralités sont sujettes à *rapport* et à *réduction.* L'assurance n'échappe pas à la loi commune ; elle est, comme toute autre espèce d'obligation, tacitement et de plein droit contractée au profit de nos ayants cause pour le cas où nous ne serions plus là au moment de l'exigibilité de la somme promise : le stipulant et le bénéficiaire n'étant pas une fiction juridique, qu'une seule et même personne, *Heredes defuncti personam sustinent.*

Mais si le chef de famille a stipulé sur sa propre tête, au profit de personnes spécialement désignées, de sa femme, de ses enfants, d'un parent, d'un ami, d'un serviteur, — *obéissant,* comme nous le disions plus haut avec le conseil d'État et toutes les cours de France, *à un sentiment bienveillant et généreux qui le portait à s'imposer des sacrifices annuels pour assurer aux objets de son affection une aisance dont sa mort pourrait les priver,* — dans ce cas et dans ces conditions seulement, *la somme assurée jouit de l'immense prérogative de ne pas faire partie de la succession du défunt;* elle n'appartient qu'aux personnes nommées dans le contrat, et elle échappe entièrement aux héritiers comme aux créanciers de l'assuré.

Typographie Lahure, rue de Fleurus, 9, à Paris. [20479]